사슴녘

사슴 녘

권근 시집

좋은땅

시인의 말

당신의 모든 계절에 이름이 있기를.

2025년 10월 권근

차례

시인의 말　　　　　5

1부 봄

곰과 곰	10
별의 경계	12
서정의 회귀	16
사슴 녘	18
요정의 탄생	21
뱀 자국	24
잠자는 숲속의 언어	26
낯선 등산객	28
석상	30
사슴 녘 2	32
큰곰자리	34
잠의 나체	36

2부 여름

초열실	40
연인	42
객사	45
체리의 기억	48
멧무덤	50
증발	52
부유	55
해파리 환상	58
바다뱀	60
장마	62
여름의 저주	64
체리의 기억 2	66
오피우쿠스	68

3부 가을

추악한 기약	72
심해	74
붉은 꽃	76
깃살	78
편지	80
늑달	82
멧무덤 2	84
허수아비	86
사슴 녘 3	89
바람의 서랍	92
일교차	94
포대기	96

4부 겨울

형여식	100
겨울을 기다리다	102
질식	104
선약	106
얼음손	108
성에의 기하학	110
꽃 서리	112
노년의 별	114
눈사람	118
동상	121
겨울의 무늬	124
눈사람 2	126
간극 5계절	128

1부

봄

곰과 곰

(겨울을 몰고 오는 순환을 담자)

겨울잠에서 깬 나는
곰이 되어 있었고

덩치가 커져
부순 문 속에서
또 다른 곰과 곰이 태어났다

이곳의 봄은
꽃 대신 곰과 곰이 피어난다는 사실을
알게 되었다

멸종한 인간을 기억하려면
쑥과 마늘을 먹어야 한다는
구시대적 이야기

꽃향기를 기억하려면
곰들이 멸종해야 한다는

광기에 가까운 이야기

겨울잠에서 깨어나면
(순환을 담자)
흐릿한 기억들
헷갈리는 계절 속에서
곰과 곰은

그냥 잠에서 깬 것이었다면
우리가 꽃과 꽃이었다면
별똥별을 바라보는 곰들은
뒷발로 서서 앞발로 빌고 있었다

그냥 환상적인 이야기
또는 미신

곰과 곰은 서로를 안았다
정확한 기억들

(겨울을 몰고 오는 순환을 담자)

별의 경계

돌고 돌아
결국 별에 도착했네요

아 참
혹시 남는 식량 있으신가요?
안심이 되어서 그런지
배가 다 고프네요

다 드셨다구요?
이런 저도 다 먹어 버려서…

그럼 우리 식량을 좀 구해 봅시다
먹을 수 있을지는 모르겠지만

일단 좀 쉬자고요?
뭐 그러죠
근데 저기 다가오는 선들은 뭐죠?
맞아도 상관없는 거죠?

무지개라고요?
참 별걸 다 보네요

이쁘긴 한데 너무 쳐다보는 거 아니에요?
주위의 은하수들도 좀 보세요
엄청 이뻐요

...
...
뭐라고요?
잘 안 들려요
왜 갑자기 눈물을 흘리세요?

없다고요?
뭐가요?
아
...
정말 이야기에 불과했네요

음
그럼 우리가 건널까요?
저는 딱히 미련이 없거든요

가요

돌고 돌아
과거에 도착했네요
만족하세요?
결국 다른 추억들의 반복이잖아요?
기억도 못 할 텐데…

이기적이시네요
뭐
그것도 사랑이라면 사랑이지만

저는 다시 돌아갈게요
본인만 만족하는 그런 과거의 반복이
제 취향은 아니라서
저였으면 차라리
블랙홀로 떨어졌을 거에요

잘 지내세요

돌고 돌아
나는 현재의 당신을 마주친다

잘 지내세요?

서정의 회귀

그녀는
혼자 그의 병상에
앉아 있다

그녀가 혼자 앉아 있으면
이따금씩 창문으로
나비가 들어와
그녀의 꽃머리핀이 되어 주기도 했고
언젠가는 또 콧잔등에 앉아
약간은 비스듬한 눈물을 대신 흘려 주기도 했다

그녀는 외로이 그의 병상에 앉아 있다
그는 구름을 밟으면 쓸쓸한 사람이 생긴다고 했다
별을 잡으면
가난한 그녀가 있다고 했다

젊은 그녀가 있다
그의 병상에 혼자 앉아 있다

젊은 그녀가 혼자 앉아 있으면
흰 나비가 창문을 기웃거리다
이내 꽃가루를 뿌리곤 했다

꽃가루를 뿌리곤 했다
꽃가루를…

그는 퇴원하여
나비가 된 지 오래다
나비의 색은
그녀가 알고 있다고 했다

사슴 녘

검은 주름 가리려고
꽃무늬를 입은
늙은 사슴이 있다

길다란 초원에는
사슴과 사슴뿐
그리고 그걸 지켜보는
어린 사슴이 또 있다

쓸쓸해지는 저녁이면
늙은 사슴 둘은
애틋한 포옹으로
서로의 심장 소리를 공유한다
따뜻해지는 유일한 방법

어린 사슴은 홀로
그들의 꽃무늬를 흉내내려
제 몸에 그림을 그리고 있다

어린 사슴은
언젠가의 사랑을 위해
뿔을 애지중지 길렀다

늙은 사슴들 중
한 사슴이
무언가를 느끼고는
과거로 돌아가듯
뒷걸음질을 하기 시작했다
얼룩덜룩한 무늬를 한
어린 사슴과 마주쳤다

한쪽 뿔이 잘린 어린 사슴을 마주쳤다

뒤따라온 늙은 사슴은
그들의 만남을 보고는…

마주한 적 없는 바다가
그날의 초원을 덮친다
길다란 초원에는
그들의 무늬를 닮은
꽃들이 피었고

애지중지 키운 잘려 나간 뿔도 피었다

요정의 탄생

검은색 잎에서는
가끔씩 꽃이 피어나고
꽃 안에서는
또 손가락이 피어난다
그 손가락과 약속을 걸면
나비떼들이 몰려와
어디로 싣고 간다고 한다

그렇게 엄마를 잃어버렸고
나는 혼자
나비의 눈을 구경하고 있다
눈에는
다양한 보석들이 박혀 있어서
보다 보면 눈이 아팠다
나비떼들의 춤을 구경하고 나면
꼭 익숙한 향기가 났다

이곳은
나를 물들이던

검은 잎들이 잔뜩 있었고
수많은 꽃들 사이로
손가락들이 있었다
그들은 서로 손을 걸고 있었고
나비떼들은 이곳 주위를
계속 돌며 원을 그리고 있었다

사랑은 이런 거구나
라고
문득 생각이 들었다

검은 잎들 속에서
나는 요정의 후손이라고 생각했지만

사랑을 깨닫고 나서는
…

나비의 눈은 빛나는 곳을 향해 있었고
손가락들은 서로를 걸기 바빴다
나는 요정이니까
애초부터 잃어버린 엄마도 없었다

나를 여기 두고 간

그녀의 원피스는

나비의 날개 모양을 하고 있었다

뱀 자국

부서진 조각처럼 빛나는 별들은
한때 거대한 뱀에게 물린 흔적이라는 소문

소문은 침대 위에서 시작되고
잠을 자고 나면
어김없이 기억날 듯한 뱀의 숨결

봄밤에게 물어보면
소스라치게 놀라
거센 바람을 불러낸다

봄밤의 뒷모습은 찢긴 가죽처럼 너덜거렸는데
별들이 쏜살같이 달려와 덮어 주었다

부서진 조각처럼 빛나던 별들은
가끔씩 스스로 부서져
꽃가루처럼 흩날리며
향기 대신 아득한 과거를 남긴다

우리는 한때 거대한 뱀의 주민

세계를 감싼 전설의 동물 속에서
우리는 별을 나눠 먹고
이야기하며 밤만 되면 숨었다

결국 헤어지기로 한 뱀이
스스로를 물어 찢어 가죽만 남겼을 때
가죽을 가지고 달아난 봄밤만이
또렷한 과거를 품고 있다

잠자는 숲속의 언어

숲의 온도를 읽고 있다
흐르는 문장은
수많은 사람들의 잠꼬대

숲이 잠든 이유는
뿌리째 뽑히지 않으려는 나무들의 발악
혼자 외로이 걷고 있는 검은 마녀

검은 복장과 못생긴 얼굴
숲은 받아들였지만
숲속은 받아들이지 않았다
결국 백 년 만에 피어나는 무지개를 훔쳤다

무지개가 열린 날
숲속엔 초록색 언어가 감도는 축제가 열렸다
언어를 서로 엮어 마녀의 출입을 막았다
숲은 같은 온도를 유지하고 마녀는 숲을 원망했다

숲속은 아름다웠다

숲은 그저 숲이었다
마녀는 추했고
우는 무지개를 훔쳤다
숲속은 무지개를 잃고
마녀를 잡으려 초록색 언어들을 엮고 있다

마녀의 이름을 모르는 숲속은
숲속의 이름을 알고 있는 마녀를 잡을 수 없었다
마녀는 우는 무지개에게 사탕을 주고
숲속을 재워 달라고 소원을 빌었다
이름을 하나하나 읊으며

고요해진 숲속
숲은 여전히 같은 온도를 유지하고
마녀는 외로이 숲을 가꾸고 있다
숲속을 가꾸고 있다

조만간 무지개의 결혼식이 시작되면
숲속은 깨어나
숲의 문장들을 읽게 될 것이다

낯선 등산객

등산객은 숲속을 걷고 있다
마녀가 살고 있다는 거대한 숲
등산객이 처음 본 풍경은
아직도 겨울잠을 자는 듯한 곰

검은 복장을 입은 여인이 다가온다
여기는 뱀의 주민이 올 공간이 아니에요
알 수 없는 소리를 내뱉는 저 여인이
소문의 마녀인가 보다

등산객은 일단 알았다며
자리를 피하고
돌아가기로 했다
그러자 들리는 생에 처음 들어 본 소리
색들이 현현하는 순간
무지개가 찾아온다
마녀는 일단 등산객을 본인의 집으로 안내한다

집 지붕에 매달린 프랑시스 잠

일종의 저주 같은 건가
그러고 보니 아직도 곰들이 겨울잠을 자고 있었지
등산객은 마녀가 주는 음식을 마다하고
본인의 가방에서 물을 꺼내 마신다

마녀가 무지개에게 모유를 먹인다
뻘쭘한 나머지
아무 말이나 해 댄다
저 뱀의 주민이란 게 무슨 소리인가요

마녀는 빤히 쳐다보며
본인을 가리킨다

그러고선
봄밤에도 무지개를 피우면
곰들은 알아서 깨어날 거예요

그러고선 저를 잡아먹겠죠

석상

석상이 우두커니 서 있다
지나가던 연인들의 대화
"불쾌하게 생겼네."
"그러게."

그저 그런 동물 석상이 불쾌했던
여자는 장바구니를 뒤진다
그러고선 뜯지도 않은 생크림 가득한 빵을
석상에게 던지고 소원을 빈다
"뭐 하는 거야?"
"이런 곳에 석상이 있는 게 신기해서
혹시나 하고."

남자는 먹던 커피를 석상에 붓는다
"뭐 해? 그러다 뭔 일 생기면 어떡하려고?"
"아니, 맛이 없어서 딱히 버릴 데가 없어
그리고 네가 불쾌하게 생겼다며."

동물 석상은 서로 안고 있는 모습을 하고 있다

"사랑이 뭔지는 알고 안고 있는 걸까?"
"그럴 리가."
집으로 돌아가는 연인
나갈 수 없는 연인

"저주에 걸린 거야! 그러게 왜 커피를 부어?"
"뭔 소리 하는 거야, 네가 속은 거잖아."
연인은 과거의 이야기를 할 수 없는
과거의 인물들이고
후대에는
저주에 걸린 연인이 죄인이라는 낭설이 퍼졌다

죄를 씻으려고
석상에 쑥과 마늘을 바치는 풍습이 옆마을까지 퍼졌다

"미안해."
"집이나 가자."
연인은 떨어져서 걸었다

끝이 보이기 시작한다
석상은 여전히 서로를 안고 있다

사슴 녘 2

노을의 무늬는 초원에 핀 꽃과 뿔을 닮아 간다

어린 사슴의 눈동자는 허공을 응시하고 있다
사라진 늙은 사슴 둘의 흔적은
초원에 새겨져 있다

어린 사슴은 몸에 새겨진 꽃에서
그날 덮친 바다의 향이 나는 걸 알고 있다
과거로 뒷걸음질도 쳐 보고
상당히 자란 한쪽 뿔을 치켜세우기도 하고
심장 소리에 집중도 해 본다
사슴의 꿈에는 늙은 사슴 둘만이 남아 있다

어린 사슴의 발자국과 울음소리는
조금씩 초원에 새겨진 흔적들을
지워 가고 있다

어린 사슴은 결국 움직이지 않고
흔적들을 맡으며

죽어 가기로 한다
꿈은 마주한 적 있는 바다가 잠식해 간다

과거의 어린 사슴이 초원의 일부가 되어
죽어 가는 그들을 흉내 내었을 때
마주할 수 없는 바다가 덮친 이유를,
잘린 뿔이 누구에게 잘렸는지를—

어린 사슴은
흔적이 새겨진 풀을 뜯어먹으며
앞으로 걷고 있다
노을의 무늬는 초원에 핀 꽃과 뿔을 꼭 빼닮았다
어린 사슴의 눈동자는 노을을 향해 있다

큰곰자리

북극성에 살고 있는 거대한 곰에게

버스정류장에서 기다리다가 나비에게서
처음으로 첫사랑을 배웠다
처음으로 거대한 곰을 잊었다

듣고 있는 음악에서 봄향기가 난다
아주 향긋한

처음이었다
봄향기에는 더 이상 쑥과 마늘의 냄새가 나지 않고
여태껏 당신의 미소를 대신한 얼굴이
봄밤처럼 사라졌다

다 지난 일이라기엔
당신은 즐기고 있었지

차에 치여 죽길 바랐는데
당신의 사인을 알지 못해서

버스를 타지 못했다

그래서 나비를 따라갔다
한적한 병원과 버려진 동네의 반지하 집을
들어가는 나비
나는 나비가 나올 때까지
울음소리를 들어야 했다
울음소리들이 다들 똑같구나 생각했다

익숙한 풍경이 보인다
어릴 적 본 회색 풍경
나는 울음 대신 미소를 택했다
북극성에 살고 있는 거대한 곰을 향해

봄비가 내린다
나비는 녹은 듯 사라졌고
친구들에게는
나비의 날갯짓은 과거로 간다고
알려 주었다

잠의 나체

잠의 나체는 별의 파편과 닮아 있다
아무리 낱낱이 파헤쳐 보아도
수많은 과거의 단편들
결국 이야기에 불과한 진실들

같은 음악을 수십 번 반복 재생하는 사람들처럼
아저씨는 같은 파편을 수십 번 먹고 뱉으며
같은 이야기를 반복하고 있다
결국 조금씩 녹는 것도 모르고

먼저 가던 이도 먼저 보낸 이도
잠의 나체에 숨겨져 있다
별의 파편 속에 새겨진 자국들
별이 뜨는 밤에 잠을 자는 모든 이들의
공통적인 발열 현상
제각각 다르면서도 같은 꿈을 꾸고 있다

뱀을 사랑하고
아직도 곰을 무서워하고

뱀에게 물린 자국을 숨기느라
치부를 보여 주고

별의 파편에는 비밀이 있고
잠의 나체에는 우리가 있다

벌거벗은 잠은 지붕에서 빠져나와
별과 합쳐진다
지친 사람들은 블랙홀에 떨어진다
경계에 선 모든 이들의 꿈과 잠 그리고 별
상처 입은 가죽의 탈을 쓴 과거는 바꿀 수가 없고
속아서 탈피를 한 과거도 바꿀 수가 없다

결국 물리고 찢기는 꿈과 잠 그리고 별
아저씨는 아직도 먹고 뱉고
이기적인 사랑의 몸서리를 친 소년은
결국 블랙홀로 떨어진다
소년이 그리던 블랙홀과 가장 닮은 블랙홀로

봄밤의 꿈과 잠 그리고 별
그래서
꿈은 사실 조종당하는 거고

잠의 나체에는 아무것도 없고
별의 파편에는 비밀이 없고
라는 생각이 든다면
당신은 아직도 곰을 무서워하고 있다고

그러니 마지막 봄밤이 다가오면
탈피를 반복해 잠의 나체에 도달할 것
그러면 봄밤이 마지막으로 안아 줄 것
그때 사랑 말고 연인을 떠올릴 것

২부
여름

초열실

계절의 입구에
낯선 참새들이 앉아 있었다

그들은 이곳이 밀실이라는 것을
까맣게 타다 남은 날개로
알려 주었다

태양의 열기는 불빛으로 번지고
불길로 스며들고
무한한 밀실에서
참새들은 포기한 듯
불길을 쪼아 먹는다

밤에도 아지랑이가 피어
달이 도망치면
타다 남은 날개의 색이 되어 간다
미술하던 친구가 말하던
블랙홀

도화지에 묻은 불길에
손가락이 타 버린
미술하던 친구

마르지 않는 유서는
불길 속에서 시체와 함께 건졌다
그리고 그와 닮은
속이 타들어 간 참새의 시체들은
고요했고
날개들은 밤에 녹아들고 있었다

아지랑이가
날개 없는 새들을 데려가
달에게 바친다

나는 바친 새들을
쪼아 먹기 시작한다

연인

비 대신 눈이 좋아서
한여름에도 눈이 내리도록
이게 우리가 사랑하는 방식이잖아

너의 호흡은 항상 불규칙적이라
나는 귀를 막고 무시하기로 한 지도 오래
어차피 우리는 사랑하는 사이잖아

너의 우울에는 항상 생크림 가득한 빵이 함께 있었고
나의 위로에는 어딘가 부족한 단맛이 나는 커피가 있었다
같이 먹으면 무슨 맛인지도 모르지만
우리는 그저 호탕하게 웃을 뿐이다

무엇이 더 뜨거운지도 가늠이 채 되지 않을 정도로
서로에게 불을 지를 때 가끔씩 이게 불인지 사랑인지 분노인지
헷갈리면서도 너는 분노를 택한 적이 많잖아
나는 정말로 사랑이길 바랐는데

분노에는 아무런 소원도 없었고
그저 밀려드는 호흡이 있었다
그때만큼은 규칙적이라서
나는 귀를 열고 듣기로 했지
말보다는 생크림 가득한 달콤한 목소리에 집중하기
그러다 조금씩 진정되어 가면
다시 바뀌는 너의 호흡 소리가 다시 거슬려서
귀를 막기를 반복
이게 우리가 사랑하는 방식이잖아

나의 슬픔에는 아무것도 없어야 해서
너마저도 못 본 체했다
너의 위로에는 정말 화려한 선물들이 잔뜩 있었는데
너의 그 표정은 사실 너무나도 역해서
구토로 슬픔들을 억지로 게워냈다
이건 너만의 방식이잖아

그럼에도 우리는 서로를 사랑해야만 하니까
이번에는 기쁜 대화를 해 보자
너는 노트를 준비하고 나는 연필을 준비하고
어딘가 잘못된 과거가 있다면
그때는 내 손바닥으로 지우자

그리고 너의 긴 머리카락을 지우고
울고 있는 너를 방치하고
어차피 우리는 사랑해야 되잖아

너가 헤어지자고 절벽에서 떨어졌을 때도
생크림 가득한 빵이 있었고
나는 뛰어내릴 자신이 없어서
너가 떨어진 방향으로
어딘가 부족한 단맛이 나는 커피를 부을 뿐이었어
어차피 우리는 사랑하는 사이잖아

객사

익사한 개와
건조기에서 죽은 강아지가 있다

그들은 각각 여름과 겨울로 태어났다

그 여름에 태어나면
장마철에 사라진다
그 겨울에 태어나면
꼭 여름에 죽어야만 했다

나는 그 여름에 태어났다
비만 오면
썩은 시체 냄새가 났고
나는 맡기 싫어서
숨을 참았다
비가 오는 내내

비가 갠 뒤에
다가오는 흙냄새에 흥분해서

뛰어 노는 시골개들
밤마다 우는 시골개들

장마철에도 기우제를 지내는
그 애들
나는 어머니를 따라 절로 들어갔다

어머니는 3월 봄에 태어나
그 겨울을 피하셨다

그녀의 우는 소리는
나비의 날갯짓과
유사한 소리를 냈다

과거엔
나비가 과거로 날아간다는
소문이 있었다고 한다

다음 주 장마철이 예정되어 있다
나는 이번 주에
타 죽기로 했다

시작된 장마가 내 시체를 식혀 준다
시골개들은
그 애들은
장마철 내내
나비의 날갯짓 소리를 들었다고 한다

그녀는 올해만 생일을 음력으로 정했다

체리의 기억

혹시 기억나?
네가 나무에서 체리가 되어 열린 날
그때 말이야
솔직히 조금은 기뻤어

엄청 무르익은 새빨간 체리라서
마을 사람들도 다들 그렇게 생각했나 봐
너도 나도 주머니에 숨겨 두었지

나한테 절대 체리를 꺼내지 말래
만약 내가 체리가 되기 전 너를
알지 못했다면
체리가 그리 예쁜 줄 몰랐을 거야
그래서 가끔 너를 원망해

나는 체리를 떨어뜨릴 거야
너처럼 주머니에 썩지 않도록
치우는 건 청소부 아저씨지만
미안하지는 않아

나를 가끔씩 모른 척했거든
잘 안 쓸린다고 빗자루 핑계를 대면서

나는 체리를 떨어뜨릴 거야
혹시나 터지지 않아도
벌레 먹은 체리는 그 누구도 주머니에 숨기진 않을 거야

그러니 다들 숨긴 체리들을 내가 꺼내 줄게
나무 대신 구름에서 맺히길 바라면서

멧무덤

앳된 소년 옆에
늙은 할매가 누웠다

비가 억수로 내리는 날이면
할매의 몸에서는
풀들이 무성하게 자랐다

날이 개면 자식들이
언젠가 와서 풀들을 가꿔 주고
음식을 챙겨 주고
소주로 적셔 주고

가끔씩
기근이 잦아들면
멧돼지들은
이쪽까지 찾아와
앳된 소년을 괴롭힌다
할매는 쫓아내기 위해
몸의 풀들을 지그시 뭉갠다

앳된 소년은 감사하다는 말과 함께
어색한 듯 조용히 하늘을 바라볼 뿐이었고
할매는 조용히 소년을 바라보며
뭉개진 풀들을 쓸어내린다
그러면 꼭 그날에는
비가 억수로 내린다

앳된 소년 옆에
늙은 할매가 누웠다

곧 날이 개면
자식들은 부모님께 성묘를
드리러 올 것이다

증발

여름이 다 타 버리면 우리는 어디로 가지

너의 질문에는 두려움보단 설렘이 들어 있었다
그냥 바다로 들어가면 되지 않을까
시큰둥한 반응
사실 나는 어디로 가든 상관이 없었다

있잖아, 만약 여름이 다 타 버리면 뭐가 있을 것 같아
음…
그는 완전히 자신의 몽상에 빠져 있다
몰라
여름이 가면 가을이 온다지만 이건 타 버리는 거니까
아마 다른 계절이 오지 않을까
몰라
아니면 설마 여름이 죽—
그만!
궁금하면 같이 기다려 보자
대신 아무 말도 하지 말아 줘

이제야 조용히 너는 타고 있는 여름을 바라본다
혼자 몽상에 빠져 실실 웃거나 떨면서

나는 옆에서 그를 보며
타고 있는 여름을 느끼고 있다

습하고 찐득한 냄새
맡아 본 적 있는 것 같은 냄새

문득 궁금해졌다
있잖아, 너는 어디서 왔다고 했지
몽상에서 빠져나온 너는 대답했다
나는 물속에서 왔지
해파리를 따라서
해파리는 어디 갔어
아마 나처럼 다 타 버린 여름을
궁금해하지 않을까

그럼 나는 어디서 왔지
그걸 왜 나한테 물어
너만 알고 있어 내가 누군지

여름은 또 다른 형태로 다가오고 있다

부유

나는 떠 있다
어딘지도 모르는 곳에

바다라고 하기엔 짠맛은
나지 않고
물결은 끈적끈적하다
사라지지 않는 불길이 있다

사라지고 있는 사람들이 있다
어쩌다 고아가 된 소녀
그냥 버림받은 소년
그리고 또 누가 있던 것 같은데
여름에도 춥다며 아주 작은 이불로
몸을 감싸던 미치광이 여인
나를 졸졸 따라다니던 강아지
아니지 강아지가 아니지
절대로 잊으면 안 되는 내 동생이었지

나는 떠 있다

누구인지도 모른 채
밑에서는 시끄럽게 짹짹대고 있다
그리워진 사슴을 사랑하기로 하면
꼭 어김없이 찾아오는 멧돼지들
여기는 비도 안 오는데
찾아올 사람도 없는데
나는 잊으면 안 되는 동생에게
바다를 두들기라고 시켰던 거였는데
내가 사랑하고 있는 걸 들키면 안 되는데

여름에도 눈이 내리는 건
죄인의 방식인데
바다 위에 눈이 쌓이면
발자국 그대로 떠 있는 나를 퍼 올릴
동생이 저기 있을 텐데
아니면 밤에도 녹지 않는 까치가
나를 구해다 줄 텐데
영원도 모르면서 우리는 영원을 약속했는데
그게 미안함인지도 모르고
사랑을 갈구했던 거였는데

원을 그리며 떨어지는 저 뱀한테서는 왜

동생과 닮은 냄새가 나는 건지 이유를 모르겠고
점점 시간이 이어지고 기다리면 되는 거니까
사라지진 않을 거야

어딘지도 모르는 곳에
떠 있는 것은 이름조차 부유물로 침전되어 간다

해파리 환상

저 해파리를 따라가자

그래 너는 그렇게 따라갔다
잠깐, 나는 왜 여기 있지
그러고 보니 분명 밤이었어
누군가 제물을 훔쳐 먹었다던데

해파리가 범인인가
하늘을 어떻게 날아

아니다, 너는 바로는 안 따라갔었다
그럼 언제 갔지
아, 범인을 잡겠다고 했구나
누군지 알고?
말이 안 되잖아, 설마 네가 아는 사람이었나

아니구나, 너도 나와 같은 생각이었지
해파리가 범인이라고 생각했어
왜냐하면 유일하게 날고 있었으니까

제물은 하늘에 바쳤다고 했으니까
그래서 우리가 쫓아갔다

이제야 기억나네
그래서 우리는 부유하기로 했어
우리는 이제 날 수가 없었으니까
타다 남은 날개로는

잠깐, 어디였지 거기가
물속이었나 불길 속이었나
그러고 보니 먹을 게 없어가지고
다들 무언가를 먹었던 것 같은데
그게 뭐였지
우리만 유일하게 해파리를 쫓아갔잖아

그래서 우리만 유일하게 살아남았잖아
해파리가 범인이었잖아

다시는 못 들어가는 것을 깨닫고
여기서 기다리고 있는 거였잖아

바다뱀

꼬리를 물고 돌며 바다로 잠수하는

빛이 파도에 번져 난반사로 비추고
드러난 물속 세상
그 안에 또 다른 밀실

순환 속에서 깨진 바다와 불의 경계
과거를 끊임없이 반복하던
아저씨가 익사한 채 떠오른다

끈적끈적한 액체가
바다를 가로질러
홍해를 만들면
혼자서 외로워하던 모세가
울지 말라는 말과 함께
반으로 가른다

밀실마저 반토막이 나서
참새를 먹은 밤들이 빠져나오면

뱀의 주민이
낚시로 퍼다 올릴 것이다

오늘 밤 달은
늑달이라고 하는데
저건 애초에 겨울에만 떠오르는 걸

저 달을 삼킨 바다뱀은
처녀로 아기를 잉태했고
아주 옛날에
거대한 뱀의 주민이 자신의 어머니라는 것을
입덧을 통해 알았다

훗날 저 아기 또한
가벼운 깃을 달고 태어나
거짓된 여인의 이름을 그리워할 거라고
지나간 봄밤이 예언해 주었다

장마

예전에 장마로 잠겨
지금은 초원이 되어 버린 오래된 마을이 있다
시골 개들이 울어 대던 길거리

그곳엔 장마철에 떼 지어 다니는 나비가 있다고 했다
다들 그것을 실제로 본 적은 없다지만
무수한 나비의 날갯짓 소리를 들었다고 한다

주변 마을의 농부들은 기근이 심할 때면
그 마을로 가서 기우제를 지낸다고 했다

특이한 방식의 기우제를 지내는데
원래 석상에게 쑥과 마늘을 바치던 풍습을
멀리하고
대신 개에게 제사를 지냈다
물을 뿌려 주면서
그러곤 멧돼지에게 잡아먹히게 내버려 두었다
안 그럼 비가 너무 많이 내린다고 했다

장마가 끝나고 나면
그 마을에는 타는 냄새가 진동했다고 한다
무엇인가가 아주 타는 냄새
연기는 나지 않지만

사람들은 나비가 타고 있는 거라 했지만
어떤 노인은
멧돼지가 무서운 개가 타는 냄새라고 했다
그럼 주변 마을 사람들은
재수 없는 소리라고 했다

그 마을에는 곧 건물이 들어선다는 소식이 들렸고
그 후부터는 나비가 보이지 않았다고 한다

여름의 저주

이곳을 빠져나갈 자동차를 구했어
어서 타고 나가자

이 자동차는 정말 대단해
타지도 않고 젖지도 않아
하물며 부서지지도 않아
저 앞에 거대한 곰이 잡아서 던진다고 해도
끄떡없을 거야

가족이 구해다 준 건데
정확히 누구인지는 기억이 안 나
자동차의 이름을 잊어버리면 안 되는데
잃어버리는 건 괜찮아

곰의 얼굴을 보지 말고 그대로 달리자
무서워서 괜히 악셀도 못 밟을지 모르니까
그래도 무서우면 해파리를 떠올리자

바람이 곰의 방향으로 불고 있는 지금이 기회야

그대로 거품처럼 사라져 버린 곰
내가 무찌른 거야
봄밤도 해내지 못한 일을 내가 해낸 거야

이제 아예 이곳을 빠져나가자
젖지도 타지도 않는 자동차를 타고
물과 불을 지나자

급히 서두르자
곧 가을이 오니까
이건 비밀인데
솔직히 말하자면
나는 저주를 믿어

체리의 기억 2

너는 나한테 고마워해야 해
모두들 결국 체리를 주머니에서 꺼냈으니까

하늘에서 바라보는 기분은 어때?
솔직히 나는 조금 힘들어
너는 이제 체리라서
대화할 상대가 없는걸
마을 사람들은 이젠 더 이상 날 상대해 주지도 않아

네가 엄청 무르익은 새빨간 체리가 아니었다면
너의 얼굴을 오래 관찰했을 텐데
그러면 혹시 나도 체리가 되어 볼까 하는
용기가 생겼을지도 모르잖아

너 동생만이 아직도
주머니에 체리를 꼭 지키고 있어
걱정돼서 주변을 어슬렁거리면
냄새가 진동을 한다니깐

그 애는 아마 영원히 간직할 거야
그 체리만 유일하게 벌레가 안 먹었거든

네가 나무에 체리가 되어 열리기 전이
가끔씩 떠올라
모르겠어
그냥 지금처럼 밤에도 체리빛으로 물들여 줘

그리고 그만 좀 울어
너는 체리라서
끈적끈적하다니깐

오피우쿠스

그가 사실 곰이었다고?
그건 신성모독이야
우리의 주인님을 욕보이면 안돼

우리가 속아서 영원을 사랑할 수는 없지만
그렇다고 주인님이 들으면 격노하실 거야
그러니 다른 이야기 하자

(아쉽지만 우리는 이제 뱀이야)

그렇다고 쳐도 은혜를 잊으면 안 된다고 생각해
계절이 끝나지 않는 이유가 곰 때문이라는 이유만으로
그가 사실 뱀이었다고 단정 짓는 건
너무 속좁은 의견 아니야?

그럼 뱀의 주인은 누군데?
(우리가 되었지)
그럼 우리가 누구한테 속은 건데?
(곰에게 속은 거겠지)

제발 그만하자

배고프다
아까 그 숲으로 다시 돌아갈까
너 말대로 우리는 이제 뱀이니까
소원을 빌지 않았어도 되잖아

(늦었어, 우리를 받아들이지 않을 거야)
왜?
(곰이 준 은혜가 다들 숨었어)
그럼 이대로 굶어 죽으라고?

곰이 준 은혜더라도
한때는 우리가 그들의 주인이었는데
단순히 뱀이 되었다고 사라진다고?

(우리는 이제 끝을 알잖아)

누가 먼저 떨어질래?
(내가 먼저, 난 기다리는 건 질색이야)
다들 우리를 원망하겠지?
(아마도…)

3부
가을

추악한 기약

낙엽은 잘게 부서진다
어릴 적 부서진 자동차 장난감처럼

서늘한 나뭇가지가 창문에 걸터앉아 있다
회색 하늘이 어두운 방을 비추고
반은 그림자 진 얼굴에서
미소를 짓고 있었다

짓눌리는 감각
창밖을 보며 떨리는 표정을 감춘다
나비가 은행잎을 흡수하고 있다
그럼에도 어떤 색인지 알 수 없는 나비
나는 잠시 동안이지만 편안함을 느꼈다

그는 장난감을 바닥으로 내동댕이친다
단 둘뿐이었고
장난감은 그의 그림자에 가려
부서진지도 망가진지도 모르고
울어야만 이 상황이 끝날 거라는 생각에

그저 내내 울었다

그럼 그는 울지 말라고
장난감을 주워 다시 던진다

집으로 돌아오면
나는 잃어버린 장난감이라고 말했다
웃는 얼굴에서 악취가 나는 건
그의 미소를 나도 모르게 배워서였는지도 모른다

울음을 참아야 했던 것도
그가 미소를 지을까 봐 무서워서였을 거다

그가 죽는다면
향기 나는 미소를 지을 것이다

그러니 꼭 죽어 주세요

심해

낙엽 소리조차 거슬리는 텅 빈 뱃속
홀연히 입을 열어 마주하는 비닐봉지
깨진 전구와 빗소리
그 흔한 가로등 또한 없고
바래져 간 색종이의 카네이션 또한 할 일이 없다

천장은 거울인 듯 같은 모양을 하고 있고
떠다니는 먼지와 돌
가라앉은 모래와 금
유령이 나온다는 난파선의 나무판자들은
어느새 버섯으로 바뀌어 있고

우거진 그림자에선 숲이 없었고
대신 막대사탕이 있었다
단내가 날 때면 날아드는
구름과 녹아든 굴과 녹슨 검

푹 꺼진 웅덩이에는 떨어지는 별이 있었고
그 옆에는 비어 있는 쓰레기통이 함께 있었다

국자도 함께 있었고 주걱도 함께 있었다
별안간 줄어든 빗소리에 익사하는 카네이션은
유령이 나온다는 난파선을 닮아 가고 있다

떠다니는 것과 가라앉은 것들은 구분이 안 되고
우거져 가는 곳에선 당연하게도 숲은 계속 없었고

천장에 비친 구름은 흩어지고 있다
굴은 진주마저 녹이며 함께 흘러든 유해는
부러진 검을 부여잡고 있다

카네이션은 버섯이 되지 못해 썩은내가 난다

붉은 꽃

온몸에 핀 붉은 꽃들이
그녀의 등을 굽게 만들었다

쉽게 지지 않는 붉은 꽃들은
어느새 불길처럼 그녀까지 덮치고
언젠가 나이가 들어 할머니가 된다면
그건 내 몸에 핀 꽃들 때문이려나

낡은 내리막길에선 본 적 없는 계절의 냄새가 나고
나는 노래를 부르고 가사를 바꾸고
내리막길의 끝을 향한다

일찍이 핀 꽃들 때문에
가난한 그녀의 심장은 언제보다 더 붉었고
정말로 붉었고
진한 선홍빛의 피보다도 정말로 붉었고

색들은 제멋대로 색을 흉내 내고
그렇게 타오르는 그녀의 심장

나는 가사를 바꾸고 노래를 부르며
끝에 도달했을 때
어느새 성인이 되어 있었다

사실 처음부터 절반이 없었던 그녀는
나의 노래 가사를 바꾸게 했고
뿌리내린 꽃이 주는 고통이 아니라
등이 굽은 그녀가 나를 노래를 부르게 했다는 것

꽃이 다 시들었을 때
이미 그녀는 다 늙어 버린 것
나는 모른 척하며
그녀의 등이 돼 준 것
그리고 이것이 가난한 그녀의 심장에
붉은 꽃을 피어나게 했다는 것

깃살

우리는 아주 작고 가벼운 깃
시작은 그렇게 바람이 부는 대로
서로를 쓰다듬고
그러면서도
아낄 수 없는 건
우리는 아주 작고 가벼운 깃이라서

우리의 선회는
까치 대신
꽃을 피워 냈지만
서로의 깃에 피어난
그 아름다운 꽃을
서로 모른 척할 수밖에 없었고
아니 서로 티를 냈지만
먼저 말해 주길
서로에게 밀었을 뿐

나는 언젠가부터
깃이 무겁기 시작했다

너는 눈치를 챘는지
무신론자이면서도
마리아를 찬양했다

우린 끝까지 서로의 꽃을
못 본 체했지만
정작 결국 피어 버린
까치를 너는 나에게 고백했다
나는
더 이상 날 수가 없었다
까치는 우리의 깃보다도 가벼우니
멀리 날려 보내자고
너는 울면서 깃에 피어난 꽃을 꺾었다

너는 혼자서도 가벼운 깃이었다
까치를 날려 보내며
바람에 실려 갔다
나는 네가 꺾은
그 꽃을 주워
내 깃에 조심스레 심었다

편지

얼굴도 알지 못하는 당신들을
많이 원망한 적이 있다
처량한 신세가 되어
바깥 바람을 처음으로 맞았을 때
혼자 울어 보았다

무수한 추억들은
다 거기 갇혀 있는 걸
알고 있었고
어제 우리가 먹은 파스타가
사실은 타다 남은 불길이었다는 것도
알고 있었다

나는 바람을 받았다
아주 조그마한 조각이긴 하더라도

나는 최대한 기억을 살려
내 방을 꾸며 보았다
우리가 갇혀 있던 곳처럼

나는 거기를 더 이상 그리워하지 않지만
슬퍼하려면
이 방법밖에 없단 걸
너도 곧 알게 될 거다

지금의 나는
당신들을 원망하지 않는다

나는 홀로 블랙홀을 그리고 있다
거기에 우리는 있어도
당신들이 있기에는
너무나도 비좁은 곳이기에

그럼에도 부족한 손가락이
바람만 불면 뜨거워져서

애타게 찾게 되는 건
부유물이 돼 버린 당신들이었다

늑달

어떤 달을 보아도
보름달이 겹쳐 보인다
그러다 문득
너는 달이 아니라는 사실이
떠오른다

사진 속의 나와 너는
어린 누에고치가 되어 있었고
나보다 작은
꽃들로 이루어진
커다란 꽃다발처럼
너를 꼭 껴안았을 때
아기 냄새가 났다

어른이 되어서도
보름달은 스쳐 지나가고

눈을 꼭 감고
피터팬은 죽었으니까

지나가는 남들처럼
대하자고 다짐했다

사진 속의 너와 나는
같은 방향을 바라보며
다른 표정을 짓고 있다

누에고치의 실이
내 코를 간지럽힌다
달빛에 실이 반짝인다

달의 형태와 상관없이
아기 냄새가 난다

멧무덤 2

여전히 앳된 소년은 어색하게
할매 옆에 누워 있다
그러다 뜬금없이 질문을 했다
소년이 가장 먼저 물은 건
이름이었다

할매는 곧장 대답하지 않고
뜬금없이 자식들 이야기를 한다

큰아들은 대기업에 취직해
본인 집을 사 줬다는 둥
작은아들은 결혼을 잘해서
며느리가 딸 같다는 둥
그러면서 곧 추석이 오면
또 성묘를 올 테니까
그때 자식들이랑 며느리들 이름을
다 알려 주겠다는 둥

그러곤

본인 자랑도 늘어놓고
어릴 적에 동네에서 엄청 이뻤다는 둥
남자들이 줄을 섰는데
그중에서 가장 잘생긴 놈을 골랐다는 둥

소년은 듣는 둥 마는 둥
대답만 하다
저녁쯤이 되어 지쳐
잠에 든다

할매는 풀잎을 짓누르며
본인 이름을 나지막하게
말했다

소년이 들었는지 안 들었는지 모르겠지만
그날도 비가 억수로 내렸다고 한다

다음 날 소년은 할매의 풀잎을, 아니
그녀의 젖은 풀잎을 안아 주었다

허수아비

흐릿한 기억
은행 냄새가 무성했던 낮
풍경은 익어가는 은행잎의 색
지겨운 현실에서 해방된 듯한 표정

허수아비가 그렇게 사라졌다
미소를 지었던 것 같긴 한데
슬퍼 보였던가
아니면 슬픈 척에 속아 넘어간 걸까
애초에 존재는 했었나

허수아비의 마지막을 배웅하던 건
연약한 까치
허수아비는 혼자 그렇게 사라졌다

까치는 혼자 살아갔다
낙엽을 막아 주던 허수아비가 사라지고
양쪽 날개에는 박씨가 달려 있는 채로

허수아비는 몰랐다
연약한 까치는 다시 날아올 거라 믿었다
무거운 박씨를 혼자서 짊어지지 못할 거라고 생각했다
본인에게 와서 기댈 거라고 생각했다

까치는 박씨를 길렀고
커다란 박은 떨어졌다
박에서 무엇이 나왔는지 궁금해한 허수아비
허수아비는 그렇게 돌아오려 했다

연약한 까치는
아니 강한 까치는 막았다
까치의 털은 이미 낙엽이 되어 있었고
독한 은행 냄새가 부리를 녹이고 있었다
그럼에도 울음을 참았다

허수아비는 집요하게 물었다
박에서 나온 ㅁ는 가끔씩
눈치도 없이
까치의 심장을 갉아먹었다

까치는 혼자 울었다

박에서 나온 □는 그 모습을 보았다
△는 같이 울었다
□와 △와 까치는 서로를 안았다

허수아비는 모른다
□와 △와 까치가 얼마나 사랑하는지
그리고 원망 대신
망각을 선택한 것을

□는 여의주를 물고 있고
누군가는 △가
실존 인물이라고 했다

사슴 녘 3

버려진 초원에는 더 이상 사슴의 냄새가 나지 않는다
바다는 결국 말랐고 노을은 본인의 모습을 찾았다

예전에 가끔씩 보이던 어린 사슴은 어디로 갔을까
한쪽 뿔만 자란 모습이 인상적이어서 아직도 기억이 난다
그때의 노을의 모습과 많이 비슷했고 뿔마저도 비슷했었는데

누군가 흉내 낸 듯한 모습이긴 했지만
살겠다는 의지가 강렬해 보였다
엄마는 보이지 않아서
얼마 안 가 죽겠거니 했는데도
마지막까지 살아 있었으니까

건물이 들어선다고 초원을 밀고 있을 때
어린 사슴이 걱정되어
혼자 남은 초원을 뒤지기도 했었고
먹이로 유인하기도 했었다

결국 찾진 못했지만
어디선가 꼭 살아 있을 거란 확신이 나도 모르게 들었다

결국 초원이 다 밀리고 건물이 들어왔을 때
모두가 도시라 부르는 버려진 초원에
가끔씩 형언할 수 없는 노을이 진다고 했다
궁금한 나머지 나는 주변에 며칠을 묵었다
혹시나 그 노을일까 하고

한 달째쯤 어디선가 익숙한 냄새가 났다

어린 사슴의 냄새
흙과 물이 섞인 과거의 냄새

혹여나 다시 바다가 덮칠까
밖을 관찰했지만 다행히 그런 일은 일어나지 않았다
그리고 어린 사슴도 보이지 않았다
그저 높은 건물만이 보인다
나는 포기하고 본가로 돌아가려 차를 탔다

빼곡한 건물을 지나 멀리서 버려진 초원을 바라봤을 때

노을에는 어린 사슴을 닮은 꽃과
잘린 뿔이 자라고 있었다

바람의 서랍

그곳의 서랍에는 많은 그림들과 글들이 있다
작은 바람으로 그려진 그림과 글
그림과 글의 주인은 늙어 죽었는지
아니면 사라졌는지 아무도 모른다

같은 보육원 출신 여자는
바깥바람을 무서워하던 사람이었으니
사라진 거라고 이야기했다
마지막으로 헤어지기 전에 먹은 음식을 이야기하면서

집주인의 딸내미는 늙어 죽은 거라고 한다
아침마다 신문지가 날아오는데
신문을 신청한 사람은 그뿐이고
신문지는 몇십 년간 계속 사라졌다고 한다

밑서랍은 텅 비어 있다
아마 옷들이 있던 자리일 거다
구석에 박혀 있는 보풀무더기가 보인다

그는 예술가로 살 수 없었다
작은 바람으로 바깥바람을 버텨 낼 수가 없었다
도와주던 이들조차도 지쳐서 그를 버렸을 거다
글들 중에 반송된 편지들이 증거다
그는 꽃과 나비의 그림을 많이 그렸다
그럼에도 가장 눈에 띄는 건
블랙홀 속에 홀로 서 있는 그의 자화상

사회에서 만난 친구들의 이야기에는
그는 미술가로 성공한 거 아니냐는
그래서 해외로 간 게 아니냐는 말을 했다

나는 같은 보육원 출신 여자애를 의심했다
그의 마지막 서랍에서 함께 찍은 사진이 나왔기 때문이다
또한 그의 수많은 나비는 그림일 뿐이어서
날갯짓을 할 수 없었고
과거로 사라질 수도 없었다

일교차

소년은 알 수 없는 게 당연하다
마지막으로 본 동화 속 이야기를 따라했다
주인공은 본인이어야 했고
그래서 그는 슬퍼도 비극을 상상했다

그녀 또한 알 수 없었다
그가 그렇게 생각할지
그저 죽지 못해 살아가고 있었던 거였다

만약에 그가 그녀 대신 본인을 나비로 선택했다면
그녀는 착각 속에 울지 않았을 거다
그는 외로워도 버텨 내야 했기에
그녀를 날려 보냈다
나비는 그렇게 태어났다

소년은 여전히 동화 속을 헤엄치고 있다
그녀는 그를 찾으러 계절을 건너갔다
서로의 오해 속에서 그녀만이 진실을 알고 있다
그가 마지막으로 본 모습이

그녀의 생전 아름다운 모습이라는 걸 그는 모른다

그녀는 낮에도 밤에도 소년을 찾지 못해서
날아든 나비가 그녀 본인이라는 것을
그렇게 하루아침에 깊은 바다가 만들어졌다는 것을
소년은 모를 수밖에 없었다

꽃이 피어나지 않은 이유는 소년의 부재
별이 녹기 시작한다
그녀는 소년을 만나면 꽉 안아 줄 예정이다

포대기

다행히도 안 쓴 지 오래된
포대기 안엔 아직도 봄의 냄새가 남아 있다
겨울까지 버틸 수 있다는 생각이 들었다
불 꺼진 방을 정리했다

장난감 칼, 자동차를 상자에 담고
곳곳의 먼지를 털고
어디서 나온 건지 모르는 모래와 돌도 쓸고
문득
집이 문제였을까
하는 생각도 들고
싱크대에 널브러진 국자와 주걱도 씻어서
거치대에 걸어 놓고
화장실 쓰레기통도 비웠다
그러고선 그대로
불 꺼진 방을 나와 산책을 하기로 했다

텅 빈 거리에 돌아다니는 쓰레기들
환경이 문제였을까

해진 옷을 입고 비어 있는 포대기를 안으려니
미안하다는 생각이 들었다
그럼에도 남아 있는 봄의 냄새가 위로하는 것 같았다
그리고 액세서리도 착용했는데
처음으로 선물받은 종이 카네이션
직접 접은 거라고 직접 달아 주던 카네이션
집을 나오기 전 방을 정리하며 발견한 것이다
프러포즈 선물로 받은 금목걸이와는 비교가 안 되는

시장을 가서 오랜만에 장을 보았다
떨이하는 못난이 채소들
음식이 문제였을까

집으로 와서 깜빡한 환기를 했다
창문을 열었다
햇볕이 들지 않는 지형
역시 집이 문제였나

방충망도 없는 창문으로 나비가 들어오고
허리에 싼 포대기에 앉는다
그 애와 닮은 나비가

울음이 터져 나온다
사실은 나 때문인데
버림받은 내가 어떻게든 데리고 와서
애지중지 키운 게 잘못이었는데
돈도 없는 가난한 내가 사랑을 준 게 잘못이었는데
…

낙엽이 진다
까치는 ▢와 △에게
슬슬 겨울이 올 거라고 했다

4부
겨울

형여식

흰 눈에 찍힌 발자국이
사라지면
그때 형을 찾아와

그러면 꼭 너는 내 발자국을
또 밟으며
거품처럼 사라질 거라 믿고
나를 꼭 따라나오겠다고

꼭 옆에 붙어서
사내아이랍시고
시린 손을 주머니에 넣고
주먹을 꼭 움켜쥐고
하얀 입김을 불고
그러면서 나보고 발걸음이 빠르다고

새빨개진 볼에 눈송이가 붙어 있었다
조잘대는 동생이 무슨 이야기를 했는지는 모르겠다
그저 눈이 녹아도 땅에 발자국이 그대로 남았으면 좋겠다

커가면서 혼자 걷는 너를 보면
이젠 나보다도 발걸음이 빨라서
등을 바라보곤 했다

나도 사내랍시고
안아 주고 싶은 걸 꾹 참고
그저 눈밭을 뛰어갔다
그리고 앞을 내지르면
너는 또다시 거품처럼 사라질 거라 믿는 듯이
내 발자국을 그대로 밟으며 쫓아왔다

네가 무슨 이야기를 했는지는 모르겠다
다만 오랜만에 형 대신
형아라는 말이 듣고 싶어졌다

겨울을 기다리다

처참히 무너지는 우리가 사랑했던 잔상들
가을만이 남아서 열심히 은행나무를 피우고 있다

이슬이 맺힌 새벽에 일어나 조각들을 줍는다
노란색으로 물든 습기 찬 바닥에서는
왠지 모를 서글픔이 담겨 있다
그렇게 우리도 잔상들과 함께 무너져 간다

아침의 찬 바람은 여인의 허전한 아기띠를 벗기지 못하고,
늙어 가는 노인의 주변에는 문드러진 신문지와 낡은 옷들이
덕지덕지 쌓여 있다
각자의 방식으로 겨울을 기다리고 있는 그들
우리는 어쩌면 이미 결심한 것이 아닐까

서글픔은 계속해서 아침을 채우고 있다
가만있던 새들의 눈에서는 물방울이 떨어진다
비라고 착각하는 사람들은 우산을 쓰고
겨울을 기다리던 사람들은 고개를 숙이고 있다

우리는 서로의 젖은 옷들을 불어 주고 있지만
서글픔이 꽉 찬 이곳에서는 눈물이 멈추지 않아
계속해서 옷을 적실 뿐이다
우리는 겨울을 그렇게 기다리게 되었다
한없이 젖어 드는 옷들을 불어 주면서

무너진 잔상들
겨울이 오자 겨울을 기다리던 사람들만이
밖으로 나와 잔상들을 쫓아간다

질식

깊고 밝게
엇나가는 배경들
검은 바다
초록빛 난파선

첫눈이 내린다
넌 저기서 고요함을 찾도록 해

외로운 파도는 밑으로 숨는다
손에 밧줄을 꽉 잡고
잠수 혹은 유랑
부유만은 피하자

넌 저기서 고요함을 찾으니까
얼지 않을 바다를 두드려 보고 있다

네가 연주하는 백색 소리들이
젖어 버린 내 밑으로 흘러 들어오고 있다
먼저 죽은 갈매기들은

바람 대신 기억을 훔쳐 가고
난 그것도 모른 채
바다로 흘러 들어간다

넌 또다시 바다를 두드려 보고
저 멀리
말하는 법조차 빼앗긴 나 대신
외로운 파도가 눈사람을 덮는다

어느새
붉게 변한 난파선에서
경적이 울린다

어린아이의 숨결
안타깝게도
넌 내가 되었구나

선약

심장 속에 갇힌 햄스터가 있다
분명 어릴 적 내가 키운 햄스터였다

눈 내리는 겨울에
얼어 죽은 그녀 대신에
사랑으로 착각한
뜨거운 여름 속에서
타 죽은 햄스터를 거두었다

비가 내리면 톱밥 향이 나던 이유였다
쳇바퀴를 돌릴 힘조차 없는
마지막 모습에는
애써 감춘 가난이 있었다

보도블록 사이 발자국 소리
그늘진 얼굴들을 쳐다볼 용기도 없었고
그저 그들의 얼굴이
얼어 죽은 그녀와 닮아 있을 거라고
그렇게 생각했다

그녀는 마지막까지
나의 이름을 읊조렸다
햄스터가 심장을
파먹을 때마다
나도 그녀의 이름을 읊조렸다
그녀는 여신의 이름과 닮았다

겨울이 되면
햄스터는 겨울잠에 들어간다
눈이 내리면
그녀가 와서
얼어붙은 손으로
내 눈물을 닦아 줄 거라고
그러면
심장 속에 햄스터는
자면서도
씩씩
화를 낼 거라고

문득 햄스터의 이름이
그녀와 닮았다고 생각했다

얼음손

백석의 겨울에는

이 흰 바람벽에
내 가난한 늙은 어머니가 있다
내 가난한 늙은 어머니가

시퍼렇고 차가운 손으로
열병이 난 내 머리를 쓸어내리신다
거친 주름의 결이 얼굴에 닿을 때마다
겨울 냄새가 확 번져 나왔다

제대로 된 약 하나 없는 밤
가난한 어머니의 눈가에는
눈송이가 맺혀 있고
그 눈송이마저 세월의 흔적처럼 주름져서
나는 그만 울음을 터뜨렸다
갓난아기처럼

가난한 늙은 어머니 곁에

어리고 약한 아들이 있다
어리고 약한 아들이

늙은 어머니는 밤새 어쩔 줄 몰라
시퍼렇고 주름진 그 손으로
누군가에게 빌듯이
그나마 따뜻해진 손으로
밤새 나를 어루만진다

서로의 심장 위에
심장을 닮은 눈꽃이 피어오르고
서로의 눈가도 붉어진다

오지 않는 나타샤 대신
주름마저 벗겨진 손으로 나를 어루만지는
가난한 늙은 어머니가 있다

그걸 본 사슴은
오늘 밤이 그리워서
흰 당나귀 대신 응앙응앙 울을 것이다

성에의 기하학

성에를 따다가 둥지를 튼다

녹지 않는 계절이
날씨가 따뜻해질 때까지
우리 집을 지켜 줄 것이다
몰래 숨어드는 벌레들은 다들 얼어 죽고

가끔씩 그 이는 이 추위를 어찌 버틸려나
생각하다 그만둔다
잊기로 했는걸
굶주린 아이들은 배고픈 티를 안 낸다
언젠가 월동지로 가던 길에 본
아주 붉은 꽃이 떠오른다

어차피 그이는 옷을 입고 있으니까
생각하다 그만둔다
새근새근 잠자는 아이들의 숨소리는
얼어붙은 날개를 녹이기에 충분했다

눈사람의 흔적
까치의 날갯짓은 하늘에도 발자국을 남기고

기다려 보자
여기쯤에 대나무들이 무성했는데
…

오늘도 허탕을 쳤다
버섯이라도 캐자는 마음에
나무에 상처를 냈다
하필 그것도 까치의 둥지가 있는 나무에

□와 △가 운다
쏜살같이 까치가 날아와
나를 쪼아 댄다

가까이서 본 까치의 심장은
나와 같이 붉은 꽃이 피어 있었다

노년의 별

갖가지 방식으로 별들은 사라졌다
결국 녹아 없어지거나
뱀에게 먹히거나
곰에게 제물로 바쳐지거나

내가 가장 먼저 이야기할 건
자연사한 별의 이야기다

마지막까지 가장 밝게 타오르던 별
그 별을 잡겠다고
다 늙어서 신문지와 낡은 옷을 쌓아
탑처럼 올린 노인도 있었다
물론 믿는 건 당신의 자유다

자연사한 별은
조각이 되어
잠에게 유혹당해 밤에 녹아든다
특히 봄에 가장 자연사가 많다
봄밤이 본능적으로 행동하는 이유가

바로 여기에 있다

사라진 건 아니기에
별들은 여전히 영향력을 행사한다
빛 대신 향수로

가끔 곰들이 밤에 서로를 안는 이유이기도 하고
뱀들이 탈피를 하는 이유이기도 하다

뱀에게 먹히는 별은
특히 여름에 많이 일어난다
그래서 여름의 밤은
그렇게 뜨겁고 끈적거린다
나비는 녹아서 해파리가 되기도 한다
물론 이것도 믿는 건 당신의 자유다

곰은 더위를 싫어해서
여름은 뱀이 주인이다
그들은 자주 짝짓기를 한다
달콤한 과일이 익는 계절이기도 하다

곰에게 제물로 바쳐지는 별들은

가을에 가장 많다
그리움이라는 감정이
다른 감정들을 지배하는 이유도 그 때문이다

과거에 연연하는 곰의 피가 섞인 이들은
뱀조차 피할 수 없다
그들은 누군가를 원망하거나
찾거나
아니면 사랑하거나

곰들이 낮부터 뱀을 잡아먹어도
가을의 뱀들은
여전히 과거를 그리워한다

겨울에 별들은 대부분 얼어 죽는다
얼어 죽은 별들은 흰 눈이 되어
다음 순환을 준비한다
곰도 뱀도
그때는 잠을 자거나
아예 얼어 버린다
가끔은 그냥 죽어 버리기도 한다

녹아 없어지는 별은
가장 드문 경우지만
곰과 뱀이 서로 사랑할 때 일어난다고 한다
물론 이것도 믿는 건 당신의 자유다

눈사람

작은 바다에서
찬송가가 들린다
작은 웃음소리도 들린다

색종이를 접어
누군가의 꿈에
품에

사실 나는 손도 발도 없는데

찬송가를 따라 부른다
웃음소리는 더 이상 들리지 않는다

겨울을 훔쳐 가면 바다는 얼지 않을 거야
누군가의 꿈에

겨울은 어느새
누군가의 품에

이제 누군가를
소녀로 정한다
이름을 모르지만 손과 발은 있기에

얼지 않는 바다에선
작은 찬송가가 들린다
합창단은 다들 어디로 갔을까
훔쳐 간 겨울 속에 있을까

이름 모를 소녀는
찬송가의 가사를 잊었다
나는 쓰다듬지도
다가가지도 못한다
그저 천천히 찬송가를 부른다
따라 부르도록

그냥 머물러 주면
나는 노래만 부르면 되는데
소녀는 본인의 품속으로
겨울 속으로
걸어 들어간다

흩어진 건 소녀의 꿈이었는데
아무래도
올해의 첫눈인가 보다
나는 그렇게 쌓이고 쌓인 눈 속에서
손과 발이 생겼다

동상

얼어붙어 호흡마저 힘든 여인은
마지막까지도 누군가의 이름을 부르고 있다

눈이 녹으면
형을 찾으러 가야겠다
약속을 지켜야지

손끝이 시려 온다
주머니에 손을 넣고
발자국 대신 몸의 형태가 남을 만큼
폭설이 내려오고
백색의 수평선을 보며
숲은 알량한 팔로 겨울을 끌어안고 있다

저곳에 형이 있으려나
얼지 않는 바다는 나를 약올리는 듯
폭설조차 삼키고 있다

이번엔 발끝이 시려 온다

흰 세상에서 뛰어노는 사슴들이 있다
같이 놀 누군가가 필요하다는 생각이 들었다
눈이 녹고 형을 찾으면
애완동물을 사 달라고 부탁해야겠다

눈이 녹기 전에 형이 집으로 돌아왔다
눈이 녹으면 물이 되어
형의 얼굴을 그대로 적시었다

바람이 불면 구름은 흩어진다
나는 겨울을 끌어안던 숲을 그린다
형은 그림을 보고선 백색의 수평선을 그린다
내가 그 위에 더 그리려고 하자
형은 의미 없는 짓이라며 말렸다

누군가의 이름을 부르던 여인이 생각난다
나도 모르게 그 이름을 읊었다
형은 깜짝 놀라 물었다
자기 이름을 어떻게 찾았냐고
나는 그냥이라고 대답하며
고마우면 애완동물을 하나 사서 키우자고 했다

형은 안 된다며 나를 안아 주었다
예전에 키우던 애완동물의 심장 소리가 들린다
형은 혼자였다
나는 그 여인의 이름을 알 수밖에 없었다

겨울의 무늬

눈이 내리면 존재하지 않던 흔적조차 덮어 버려서
꿈의 형상을 띠고 있다
사라졌던 것 잊으려 했던 것
사랑했던 것 사라지길 바랐던 것
겨울은 그렇게 사람들을 불러모은다

알량한 나뭇가지는 눈으로
체리를 그리고
발자국은 사라지지 않았고
그 자리에 꽃이 피어난다
겨울은 그렇게 사람들을 치유한다
눈물은 유일하게 얼어붙지 않는 걸 알기에

서로를 안으며 겨울을 버티려는 사람들과
스스로를 안는 사람들
나비는 얼어붙어서 대신 까치가
까치마저도 □와 △ 때문에
사람은 사람을 의지해야 했다

겨울의 달은 한 가지 모양이 더 있다고 했다
미련한 아저씨의 발견
결국 그는 달을 못 보고 떠올랐다
애초에 그 달을 본 사람은 과거의 사람들뿐이다

사랑은 가을의 형태로
겨울에 눈이 내리는 이유
이걸 아는 어떤 연인은 한여름에도 눈이 내리게 했다

별은 빛난 채로 얼어붙는다
낮에도 백색 세상을 비추고 있다
겨울의 무늬는 서로 다르게 본다
겨울이 끝나려면 무늬 속에서 보는 서로의 과거를
어쩌면 미래를
사랑해야 한다

눈사람 2

훔쳐 간 겨울이 사라지자
나의 손과 발이 다시 녹기 시작한다

소녀의 겨울도 마찬가지인 듯
합창단의 노랫소리는 더 이상 들리지 않고
젖은 옷과 머리를 말리고 있을 뿐이다

기우는 햇빛에 녹아드는
눈들을 담을
손과 발이 없기에
얼지 않을 바다의 품으로
나는 스며든다

바다 위로 떠오른 종이배를
소녀의 품에
소녀의 꿈에

찬송가의 가사는
나의 품에

소녀의 젖은 발자국은
나의 꿈에

소녀는 볕이 잘 드는 곳으로 걸어 들어간다
바다가 된 나는
소녀의 향기를 긁어모아
꽃들을 피워낸다

그때 모여든 나비들은
소녀의 머리카락이었는데
아무래도
소녀가 꿈을 꾸기 시작한 것 같다

간극 5계절

아주 짧은 순간
그 시간에도 여전히 까치와 □와 △는 서로를 사랑했고
어쩌다 그리워지는 허수아비는 잘 살고 있을 거고
곰은 결국 뱀을 사랑했고
뱀 또한 곰을 사랑했고
그때만 피어나는 꽃들은
체리를 닮아서 아주 붉었고

별이 녹고 있는 과정
꿈은 흩어져 곰과 곰으로 나뉘고
그러다 다시 합쳐지는 순간
오해가 생겨 기어나오는 뱀들
나비는 과거로 과거로 여전히 날아갔고
후손들은 도움을 받기도 하고
받지 못해서 부유하기도 하고

서로의 방식으로 그들은 위로받고 있다
위로받지 못한 자들은 본인이 태어난 계절로 돌아갔다
신이 존재하지 않아서 만든 이름들은

본인이 가장 그리워하는 사람들을 따서 만들었다

곰을 무서워하던 뱀과 뱀을 잡아먹는 곰
뱀은 뱀을 사랑했었고 곰은 곰을 안았고
그럼에도 이 짧은 순간이 다시 온 건
계절에는 그들만 존재하지 않는다는 것

사슴은 나비를 따라서 움직였다
개들이 뭉쳐서 멧돼지를 막았다
별이 다 녹을 때까지

아주 아주 짧은 순간
잠과 별은 헤어지고
그렇게 기억은 별이 가져갔고
곰과 뱀은 서로를 사랑하고
연인의 끝을 본 슬픈 봄밤이 오고 있다

사슴 녘

ⓒ 권근, 2025

초판 1쇄 발행 2025년 12월 22일

지은이 권근
펴낸이 이기봉
편집   좋은땅 편집팀
펴낸곳 도서출판 좋은땅
주소   서울특별시 마포구 양화로12길 26 지월드빌딩 (서교동 395-7)
전화   02)374-8616~7
팩스   02)374-8614
이메일 gworldbook@naver.com
홈페이지 www.g-world.co.kr

ISBN 979-11-388-4990-6 (03810)

- 가격은 뒤표지에 있습니다.
- 이 책은 저작권법에 의하여 보호를 받는 저작물이므로 무단 전재와 복제를 금합니다.
- 파본은 구입하신 서점에서 교환해 드립니다.